ma cuisine chérie

My Lovely Cooking Book

Recettes concoctées et racontées par Christelle Chatel
Illustrations réalisées par Sway

Photographies de Lionel Antoni
Stylisme d'Élisabeth Hebert et Elfried Werner

FLEURUS

Un Dico à aimer,
un Dico à vivre,
un Dico à partager,
pour toutes les filles
de 8 à 12 ans.
Copines
Bonheur
Parents
Soirée pyjama
For the girls !
mon Dico chéri
My lovely book
Pour toutes les filles de 8 à 12 ans!
Musique
Générosité
Ma chambre
Carnet secret
FLEURUS
mon Dico chéri
FLEURUS
15,90 €
FLEURUS

Introduction

Vous savez déjà faire cuire un œuf au plat, préparer des pâtes, réaliser une tarte aux pommes, ou rien de tout cela ? Peu importe, vous les gourmandes, les fans de smoothies, de lasagnes moelleuses et de cupcakes, vous allez toutes savoir cuisiner, et préparer en un coup de spatule vos plats préférés et les partager avec tous ceux que vous aimez !

Laissez-vous guider au fil des pages, au gré de vos envies. Vous verrez que cuisiner ce n'est pas si compliqué. Organiser une soirée pyjama ou un pique-nique ? Concocter un menu rouge ou plutôt vert ? Préparer des cocktails comme les grandes ou un dîner pour épater vos parents ? Ce livre n'a pas fini de vous surprendre ! C'est votre livre de cuisine chéri, rien qu'à vous…

Sommaire

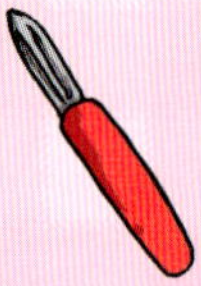

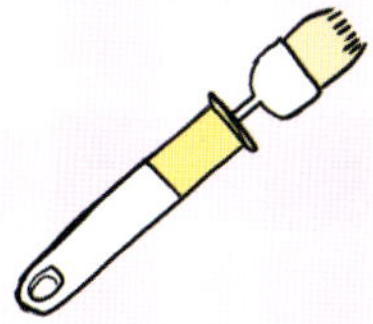

Suivez le guide !

1 La hotte
Elle est très efficace pour aspirer la vapeur d'eau et les odeurs.

2 Les plaques de cuisson
Électriques, à gaz ou à induction, elles chauffent très vite. Ne posez pas vos mains dessus, et n'oubliez pas de les éteindre après utilisation !

3 Les torchons et les essuie-tout
Pensez à laver régulièrement vos torchons. L'essuie-tout est très utile en cas d'inondation catastrophe !

4 L'évier
Très pratique pour laver des fruits et des légumes et faire une petite vaisselle rapide une fois sa recette terminée.

5 Le plan de travail
En cuisine, vous travaillez debout face à cette surface plane où vous avez tous les placards à portée de main.

6 Le four

Ne confondez pas le minuteur et le bouton du thermostat qui règle la température du four ! Gare à la paroi vitrée, elle peut être brûlante !

7 Le lave-vaisselle

Pensez à y ranger les couteaux la tête vers le bas, pour ne pas vous blesser !

8 Le four à micro-ondes

Ne mettez jamais d'objets métalliques à l'intérieur.

9 Le réfrigérateur

Ne laissez pas la porte ouverte, car le froid s'échappe et les aliments ne sont plus conservés à la bonne température.

10 Le robot ménager

C'est un allié précieux pour hacher ou mixer. Il faut le débrancher chaque fois qu'on le démonte, que l'on manipule son contenu ou qu'on le lave. Les hélices sont tranchantes, faites bien attention !

11 Le congélateur

Pensez à bien refermer sa porte. Ne recongelez jamais un aliment qui a été décongelé.

À chacun son rôle

Attention, en cuisine, on ne traite pas un torchon de serviette vous risqueriez de le vexer !

Les couteaux et les ciseaux

Ne les attrapez jamais par la lame. Utilisez-les uniquement en présence d'un adulte !

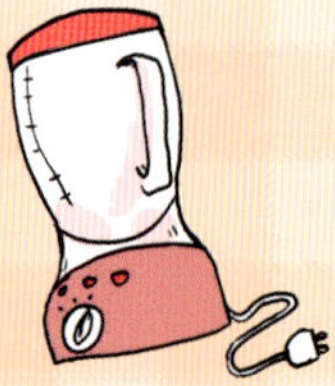

Le mixeur

Le mixeur réduit tout en purée. À vous les bonnes soupes maison ou les smoothies !

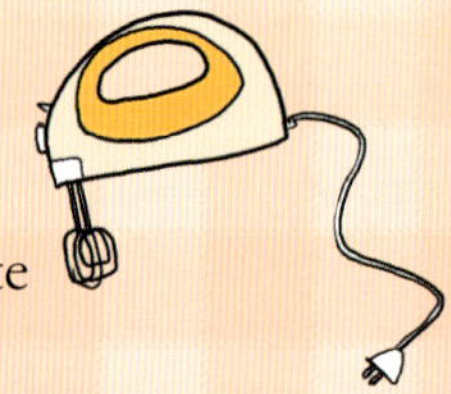

Le batteur électrique

Il possède souvent deux types de fouets pour mélanger une pâte à gâteau ou une sauce, ou pour monter des blancs en neige ou une crème en chantilly.

Les poêles et les casseroles

Petites ou grandes, elles s'adaptent à vos besoins. Généralement, elles sont antiadhésives : pas besoin d'ajouter du gras !

Le film alimentaire et le papier sulfurisé

L'un aide à protéger une préparation des microbes et autres intrus extérieurs. L'autre empêche qu'un gâteau ou une pâte à tarte ne colle au fond d'un plat.

Le zesteur, la râpe

Le zeste est le morceau d'écorce d'un citron ou d'une orange. On le prélève avec un couteau spécial appelé zesteur ou une râpe.

La planche à découper

À intercaler entre la table et le plan de travail.

Le fouet

Votre allié anti-grumeaux ! Pensez à le nettoyer rapidement après usage.

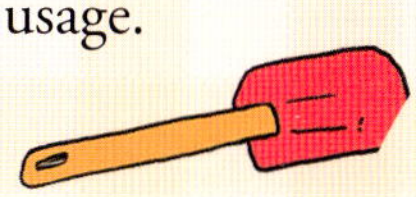

La spatule

Elle permet de bien racler un bol. Oui, vous pouvez la lécher après !

La poche à douille

Très rigolo, ce petit sac en toile sur lequel on fixe une douille permet de donner de jolies formes à de la crème Chantilly ou à un glaçage.

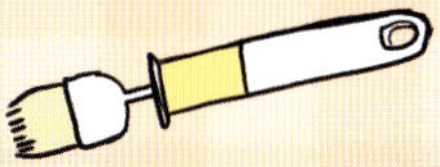
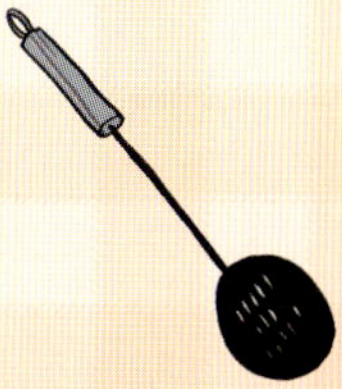

Le pinceau

Idéal pour recouvrir des feuilletés ou des bricks de jaune d'œuf.

L'écumoire

Une grande cuillère avec des trous pour récupérer les légumes cuits dans l'eau.

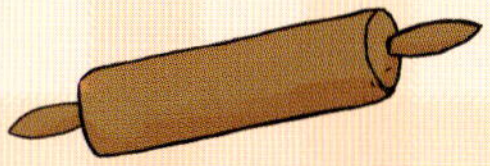

Le rouleau à pâtisserie

Avec sa poignée de chaque côtés, on n'a pas trouvé mieux pour étaler une pâte !

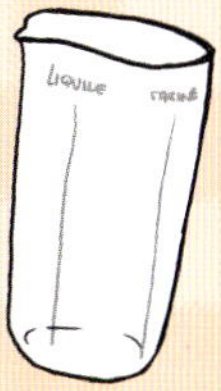

Le verre doseur

Indispensable pour mesurer les quantités en grammes et en centilitres.

La passoire

Elle permet d'égoutter les pâtes, le riz…

Le gant de cuisine

Ne tentez jamais de sortir un plat du four sans enfiler un gant de cuisine !

Les caissettes

Ces petits papiers ronds et dentelés sont utilisés pour la cuisson des cupcakes ou la présentation.

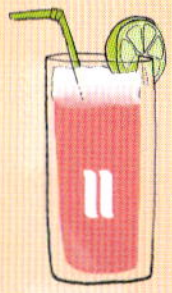

Pas de prouesses sans pratique !

Faire décongeler

Vous pouvez laisser des fruits décongeler à température ambiante.
La viande, le poisson ou tout autre produit périssable doivent être décongelés au réfrigérateur.

Faire fondre le beurre

Vous pouvez utiliser le micro-ondes, ou une casserole, mais à feu doux !

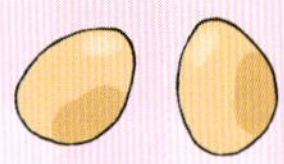

Séparer les blancs d'œufs des jaunes

Cogner l'œuf contre un bol et séparez en deux la coquille. Faites passer le jaune d'une demi-coquille et laissez couler dans le bol tout le blanc.
Le jaune va dans un second bol !

Monter les blancs d'œufs en neige

Très important : la pincée de sel dans les blancs d'œufs ! Avec le batteur électrique, battez-les à petite vitesse, puis augmentez la cadence.

Incorporer les blancs en neige

N'écrasez pas les blancs, mais enrobez-les avec votre préparation.

Cuire au bain-marie

On plonge dans l'eau bouillante le récipient dans lequel se trouve l'aliment à cuire. C'est une cuisson lente et douce.

Préchauffer le four

Il faut que le four atteigne la température souhaitée pour la cuisson.
Patientez donc 10 minutes !

Les petits trucs en plus !

Le sucre vanillé, l'extrait de vanille liquide, les gousses de vanille

Ils donnent un parfum incomparable aux pâtes à gâteau nature, aux compotes ou à une crème chantilly.

Les colorants alimentaires

Vous les trouverez en petits tubes au rayon des ingrédients pour pâtisserie. Suivez le mode d'emploi pour obtenir toutes les couleurs de l'arc-en-ciel, et bien plus encore ! Ils ne donnent aucun goût à vos préparations.

Éplucher les oignons

Coupez l'extrémité la plus pointue. Il faut retirer toute la peau fine et craquante et ôter le germe au centre. Pour ne pas pleurer, vous pouvez l'éplucher sous l'eau !

Équeuter

Bravo, vous avez deviné ! Cela consiste à retirer la queue des fruits ou des légumes !

Comment éplucher une mangue ?

Coupez la mangue de chaque côté du noyau, dans le sens de la longueur. Avec un couteau pointu, faites des quadrillages dans les morceaux de mangue obtenus, sans aller trop loin. Retournez la mangue à l'aide de vos pouces. Tel un hérisson, les dés de mangue apparaissent !

Comment éplucher un ananas ?

Posez-le à plat sur une planche à découper et ôtez ses deux extrémités. Redressez-le à la verticale. Découpez des grandes bandes d'écorce, de haut en bas. Enlevez tous les petits morceaux d'écorce restants. Votre ananas peut alors être découpé en tranches !

Indispensables pour bien commencer...

Mettre son tablier

À pois, à fleurs, à rayures, il est indispensable aux reines de la cuisine. Faites-vous offrir un magnifique tablier ou empruntez celui de votre maman. Votre tee-shirt préféré vous dira « Merci » !

Attacher ses cheveux

Pensez à attacher vos cheveux ou à mettre une barrette. Il ne faudrait pas être gênée par une mèche rebelle et il serait préférable qu'aucun cheveu ne tombe dans votre pâte à crêpes !

Choisir et lire la recette en entier

Il faut vérifier qu'il ne vous manque aucun ingrédient pour réaliser la recette et préparer tous les ustensiles nécessaires.

Faire de la place

Il règne une vraie pagaille dans la cuisine ? Commencez par tout ranger. Vous avez besoin d'espace pour cuisiner.

Se laver les mains avant de commencer

Mieux vaut manipuler les aliments sans y ajouter plein de microbes ! Lavez-vous les mains et les ongles soigneusement avant de commencer votre recette.

Équivalences

Alors voyons, on a dit que ½ litre ça faisait combien en centilitres ? Ne vous fatiguez pas, voici une antisèche !

Centilitres	Litres
100 cl	1 l
75 cl	3/4 l
50 cl	1/2 l
25 cl	1/4 l
20 cl	1/5 l
12,5 cl	1/8 l
10 cl	1/10 l
5 cl	1/20 l

Tableau des thermostats et degrés. Certains fours indiquent des degrés, d'autres des thermostats. Voici de quoi ne pas vous tromper !

Thermostat	Degrés
1-2	30-60
3-4	90-120
5	150
6	180
7	210
8	240
9	270
10	300

Une cuillère de ceci, un verre de cela !

1 cuillère à café contient environ :
4 g de farine
5 g de sucre en poudre

1 verre à moutarde contient environ :
200 g de moutarde !
100 g de farine
150 g de sucre en poudre
20 cl d'eau ou de lait

1 cuillère à soupe contient environ :
10 g de farine
15 g de sucre en poudre

Au fil des recettes, des repères pour évaluer son temps, les quantités, la difficulté…

- Nombre de convives
- Temps de décongélation
- Temps de préparation
- Temps de cuisson
- Temps de repos
- Niveau de difficulté

Après l'école

Fatiguée, le cerveau en ébullition,
vous avez besoin d'une pause ?
Foncez dans votre cuisine chérie
vous préparer un goûter digne
de ce nom !

4 à 6 personnes
Facile
30 minutes
20 minutes

Le gâteau marbré à la fraise

Un gâteau fruité !

1. Préchauffez le four à 210° (thermostat 7). Lavez, équeutez les fraises et mettez-les dans le mixeur pour obtenir une belle purée rouge.

2. Faites fondre le beurre à feu doux dans une casserole. Versez-le dans un grand saladier avec le sucre et utilisez un fouet pour obtenir un mélange bien mousseux.

3. Séparez les blancs d'œufs* des jaunes. Les jaunes rejoignent le beurre et le sucre ! Ajoutez dans la pâte la farine et la levure. Tournez. Parfait !
Montez les blancs d'œufs en neige avec le batteur électrique*.

4. Répartissez la pâte dans deux bols. Ajoutez, dans l'un, le sucre vanillé et, dans l'autre, la purée de fraises. Remuez avec une spatule, incorporez très délicatement* les blancs en neige de manière égale dans chacune des pâtes.

5. Beurrez un moule à cake et versez une partie de la pâte à la vanille. Hop ! recouvrez d'une partie de la pâte à la fraise. Versez le reste de la pâte à la vanille et finissez par la pâte à la fraise. Raclez bien avec une spatule.

6. Baissez la température du four à 180° (thermostat 6) et enfournez pour 30 minutes environ. Laissez tiédir votre gâteau avant de le démouler.
Une belle surprise vous attend au découpage !

L'idée de Mlle Graindesel

Envie d'un marbré au chocolat ? Remplacez les fraises par 1 cuillère à soupe de cacao amer en poudre !

* Voir p. 12

Les ingrédients

- 250 g de fraises
- 220 g de farine
- 100 g de beurre
- 110 g de sucre en poudre
- 3 œufs
- 1 sachet de sucre vanillé
- 1 sachet de levure chimique

4 personnes
Très facile
10 minutes par smoothie

Smoothie folies !

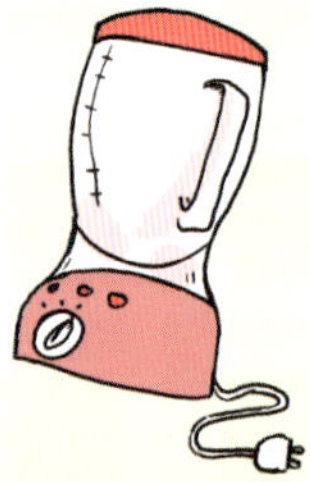

Le plein de vitamines...

Les ingrédients

Pour 4 verres

Le smoothie jaune

* 1 orange
* 3 tranches d'ananas
* ½ mangue
* 15 cl de lait

Le smoothie vert

* 2 kiwis
* 1 banane
* 1 petite pomme
* 15 cl de lait

Le smoothie rose

* 250 g de fraises
* 1 tranche de pastèque
* 15 cl de lait

Le smoothie jaune

Pressez l'orange. Découpez l'ananas et la mangue en petits dés (pour être aidée, reportez-vous p. 13).

Versez tout dans le mixeur avec le lait. Faites tourner jusqu'à l'obtention d'un jus bien onctueux.

Mmm ! Ce smoothie aux saveurs exotiques est vraiment un délice !

Le smoothie vert

Épluchez les kiwis, la banane et la pomme et coupez-les en petits morceaux.

Versez les fruits et le lait dans le mixeur. Mixez par à-coups pour éviter que les morceaux de pomme ne bloquent les hélices.

Servez bien frais cet élégant smoothie vert à pois noirs ! S'il est trop épais, ajoutez des glaçons dans les verres quelques minutes avant de le servir !

Le smoothie rose

Lavez et équeutez les fraises, puis coupez-les en morceaux. Prélevez la chair de la pastèque, retirez les pépins et coupez-la en petits dés.

Dans le mixeur, versez le lait, les morceaux de fruits et zou ! c'est parti pour un tour !

Voilà un smoothie tout doux qui vous fera rosir de plaisir !

Milk-Shake

Si vous avez envie d'un milk-shake, mixez 25 cl de lait avec 2 boules de glace à la vanille et les fruits de votre choix.
Succès garanti !

- 4 personnes
- Facile
- 10 minutes
- 10 minutes

Le pain perdu aux framboises

Amusant à préparer, délicieux pour le goûter !

La petite histoire de Mlle Graindesel

Le pain perdu est une recette appréciée dans le monde entier. En Allemagne, on l'appelle arme Ritter (le « chevalier pauvre »), et aux États-Unis, c'est le French Toast !

1. Laissez décongeler les framboises étalées dans un plat, 1 heure avant de commencer la recette.

2. Faites chauffer doucement les framboises dans une petite casserole et mettez-les de côté.

3. Cassez les œufs dans une assiette creuse, ajoutez le sucre et battez le tout avec une fourchette. Dans une autre assiette creuse, versez le lait et mélangez-le avec le sucre vanillé.

4. Faites chauffer à feu moyen un peu de beurre dans la poêle. Pendant ce temps, trempez une tranche de pain rapidement dans le lait à la vanille, puis dans les œufs battus.

5. Hop, dans la poêle ! Vous faites de même avec toutes les autres tranches, en les faisant cuire deux par deux pour aller plus vite. Il faut les faire dorer quelques secondes sur chaque face.

6. Déposez les tranches de pain perdu sur un plat. Servez-les illico, recouvertes de framboises et d'un peu de sucre glace. Mmm !

Les ingrédients

- 8 tranches de pain de mie (ou de brioche) un peu rassis
- 250 g de framboises surgelées
- 2 œufs
- 25 cl de lait
- 25 g de sucre en poudre
- 1 sachet de sucre vanillé
- 2 ou 3 noisettes de beurre
- Sucre glace

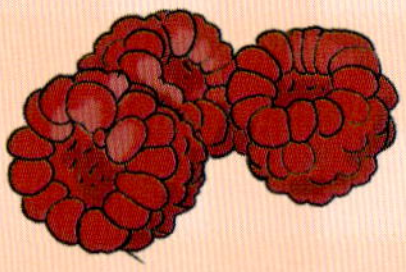

Le vrai chocolat chaud

- 4 personnes
- Très facile
- 5 minutes
- 5 minutes

Testé et approuvé par les grands-mères !

1. Faites chauffer l'eau et le lait dans une casserole. Pendant ce temps, cassez le chocolat en petits carrés.

2. Dès que vous observez un petit frémissement dans la casserole, ajoutez le sucre vanillé. Mélangez pendant 1 minute, puis baissez le feu.

3. Ajoutez les carrés de chocolat petit à petit et, avec un fouet, remuez énergiquement. Allez ! tous les carrés de chocolat doivent bien fondre !

4. C'est bien mousseux ? Versez tout de suite le chocolat chaud dans de jolies tasses et faites une pause bien méritée !

La petite histoire de Mlle Graindesel

Ajoutez un peu de cannelle, votre chocolat sera encore plus parfumé ! Et avec un nuage de crème Chantilly au-dessus, vous obtiendrez un chocolat viennois !

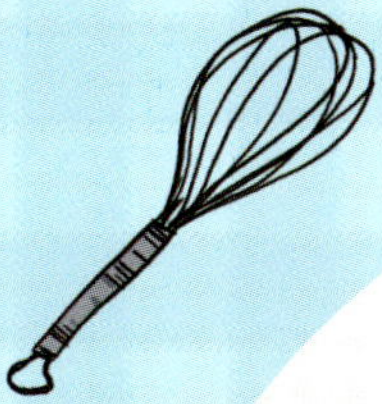

Les ingrédients

- 100 g de chocolat noir
- 10 cl d'eau
- 50 cl de lait entier
- 1 sachet de sucre vanillé

4 à 6 personnes
Assez facile
20 minutes
2 heures
25 minutes

Les mini-brioches

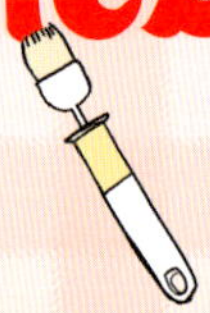

Comme à la boulangerie !

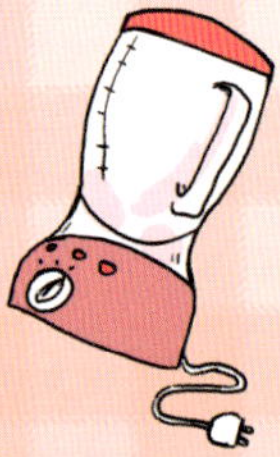

1 Laissez ramollir le beurre coupé en morceaux.

2 Délayez la levure dans le lait légèrement tiédi à la casserole. Dans le bol d'un robot (avec une hélice type pétrin, mais vous pouvez aussi utiliser une cuillère en bois), versez la farine, les œufs, le sucre et le mélange levure et lait. Pétrissez à vitesse lente et ajoutez peu à peu le beurre. Augmentez la vitesse. En 30 secondes, vous obtenez une boule de pâte bien lisse !

3 Déposez la pâte dans un saladier, recouvrez d'un torchon et laissez reposer pendant au moins 1 heure dans un endroit chaud (près d'un radiateur, par exemple !).

4 Après plusieurs exercices de maths, jetez un œil sur votre pâte à brioche. Si elle a doublé de volume, c'est très bon signe…
Pétrissez lentement la pâte à la main pendant au moins 5 minutes, comme une vraie boulangère ! Plus la pâte sera aérée, plus vos brioches seront moelleuses !

5 Disposez la pâte dans des petits moules à muffins, en formant une petite boule sur le dessus (pour donner une jolie forme à vos brioches). Et il faut encore les laisser se reposer 1 heure !

6 Enfin, préchauffez le four à 180° (thermostat 6) et enfournez vos brioches ! Après 10 minutes de cuisson, baissez la température du four à 150° (thermostat 5) et laissez cuire encore 15 minutes.
Quand elles sont bien dorées, sortez vos mini-brioches du four. Laissez-les refroidir un peu avant de les démouler et de n'en faire qu'une bouchée !

Le petit + de Mlle Graindesel

Raisins secs, pépites de chocolat, noix… : créez la surprise en ajoutant des ingrédients dans la pâte à brioche, après le premier temps de repos !

Les ingrédients

Pour 8 à 12 brioches

* 250 g de farine
* 100 g de beurre
* 2 œufs
* 2 cuillères à soupe de lait
* 2 cuillères à soupe de sucre en poudre
* 1 sachet de levure de boulanger

4 à 6 personnes
Facile
15 minutes
10 minutes

Les Mars® cookies

Le petit + qui fait toute la différence !

1 Préchauffez le four à 180° (thermostat 6).
Découpez les barres de Mars® en petits carrés. Attention, Mlle Gourmande, il est interdit d'en croquer !

2 Faites fondre le beurre à feu doux dans une casserole. Hors du feu, versez le sucre et mélangez à l'aide d'un fouet. Cela devient mousseux ! Ajoutez l'œuf, la farine et la levure. Mélangez avec une cuillère en bois. Ajoutez les carrés de Mars®, sans trop les écraser.

3 Disposez des petits tas de pâte, bien espacés, sur la plaque du four recouverte de papier sulfurisé. C'est parti pour 10 minutes de cuisson ! Dès que les cookies commencent à dorer, il faut vite les sortir du four !

4 Une fois les cookies refroidis, vous pouvez les conserver pendant deux jours dans une boîte hermétique.

L'astuce de Mlle Graindesel

Vous pouvez remplacer les carrés de Mars® par d'autres barres chocolatées, des pépites de chocolat noir ou blanc, des raisins secs, des noix de cajou…

Les ingrédients

Pour 12 cookies environ

- 3 grandes barres de Mars®
- 100 g de beurre
- 150 g de sucre roux
- 200 g de farine
- 1 œuf
- ½ sachet de levure chimique

4 personnes
Facile
10 minutes
10 minutes

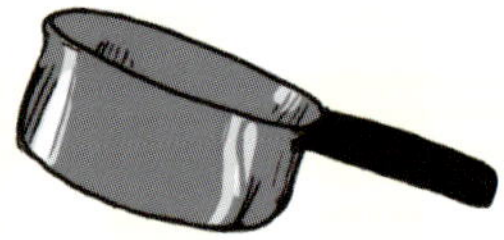

Les rochers des îles

Tous fans de la noix de coco !

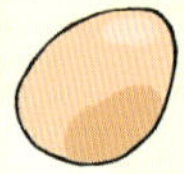

L'astuce de Mlle Graindesel

Servez vos rochers des îles avec une salade de fruits… exotiques ! C'est délicieux !

Les ingrédients

Pour 10 à 12 rochers

- 125 g de noix de coco râpée
- 100 g de sucre en poudre
- 1 œuf

❶ Préchauffez le four à 170° (thermostat 5-6).

❷ Cassez l'œuf dans un saladier et fouettez-le avec le sucre. Ajoutez la noix de coco râpée. Allez, on met la main à la pâte ! Mélangez du bout des doigts pour obtenir une jolie mixture friable.

❸ Mmm, la bonne odeur des îles ! Mouillez-vous les mains soigneusement et ne les séchez pas trop. Avec vos doigts encore humides, formez des petites boules de pâte et déposez-les sur la plaque du four recouverte de papier sulfurisé. Elles sont bien espacées ? Parfait ! Donnez-leur une jolie forme, comme chez le pâtissier !

❹ Enfournez pour 10 minutes environ, en veillant à ce que les rochers ne se transforment pas en boules de charbon !

❺ Dorés à point, délicatement parfumés, vos rochers des îles doivent refroidir un peu avant d'être croqués !

N'OUBLIE PAS
VIVE
LES
VACANCES !

MIAM

MIAM

J'épate mes parents

*Et si ce soir c'était vous qui cuisiniez ?
Pas de doute, vous allez étonner
vos parents chéris !*

4 personnes
Très facile
5 minutes par verrine

Les verrines sucrées-salées

Un régal pour les yeux et les papilles !

Les ingrédients
Pour 4 verrines

Verrines jambon-ananas
- 2 tranches d'ananas
- 2 tranches de jambon
- 4 petits fromages frais

Verrines poire-fromages
- 1 poire
- 10 noix décortiquées
- 2 tranches de bleu d'Auvergne
- 2 cuillères à soupe de fromage blanc

Verrines jambon-ananas
Mixez un tout petit peu les tranches d'ananas coupées en morceaux pour obtenir une belle compotée. Hachez le jambon. Dans un bol, travaillez les fromages frais à la cuillère pour les rendre un peu crémeux. Dans le fond des quatre verrines, répartissez le jambon haché en une couche épaisse. Déposez ensuite le fromage frais et terminez par une couche d'ananas. Quelles belles couleurs !

Verrines poire-fromages
Épluchez la poire et coupez-la en petits morceaux. Mélangez le fromage blanc avec le bleu d'Auvergne écrasé. Dans les quatre verrines, déposez une couche de poires, puis une couche de la préparation aux fromages. Vous pouvez saupoudrer de noix hachées. Toutes ces saveurs mélangées, un vrai bonheur !

Verrines avocat-crevettes

- 1 pamplemousse
- 4 cuillères à soupe de guacamole
- 4 cuillères à soupe de crevettes cuites décortiquées
- 4 brins de ciboulette

Verrines avocat-crevettes

Dans le fond des quatre verrines, déposez une couche de guacamole. Coupez en deux le pamplemousse, coupez ses quartiers en tout petits dés et déposez-les sans trop de jus sur la couche de guacamole. Coupez les crevettes en petits morceaux et répartissez-les dans les verrines. Saupoudrez de ciboulette hachée, et dégustez bien frais !

- 6 personnes
- Facile
- 20 minutes
- 20 minutes (pommes de terre) + 15 minutes (hachis)

Le hachis provençal

Plat familial pour les soirs d'hiver…

Les ingrédients

Pour la purée :

* 1,5 kg de pommes de terre
* 2 cuillères à soupe de lait
* 2 cuillères à soupe d'huile d'olive
* 1 pincée de gros sel
* Sel et poivre

Pour la garniture :

* 500 g de chair à saucisse
* 200 g de sauce tomate toute prête !

1. Faites chauffer de l'eau dans une grande casserole. Pendant ce temps, épluchez les pommes de terre, lavez-les et coupez-les en morceaux.

2. L'eau bout ! Vite, ajoutez le gros sel et les pommes de terre. Laissez cuire pendant 20 minutes.

3. Pas de temps à perdre ! Faites revenir la chair à saucisse à feu moyen dans une grande poêle. Pas besoin d'ajouter d'huile, c'est déjà un peu gras ! Avec une cuillère en bois, émiettez bien la chair. Ajoutez la sauce tomate, couvrez et laissez mijoter à feu doux.

4. Préchauffez le four à 210° (thermostat 7).

5. Les pommes de terre sont cuites ! Égouttez-les dans une passoire et remettez-les dans la casserole. Ajoutez le lait, puis écrasez les pommes de terre avec une fourchette. Ajoutez l'huile d'olive, le sel et le poivre. Mélangez pour obtenir une belle purée !

6. Dans un grand plat à gratin huilé, étalez la moitié de la purée, recouvrez ensuite de votre garniture au doux parfum du Sud. Hop ! ajoutez le reste de la purée en l'étalant bien. Zou ! Au four pour 15 minutes environ !

7. Votre hachis provençal est bien doré ? Il ne vous reste plus qu'à appeler : « À table ! »

Les bricks italiennes

C'est moi qui les ai fa... brickées !

- 4 personnes
- Facile
- 20 minutes
- 10 minutes

1 Coupez la mozzarella et les tomates séchées en morceaux ! Mélangez le tout avec le basilic. Voilà une jolie mixture aux couleurs italiennes ! Puis préchauffez le four à 180° (thermostat 6).

2 Un peu de géométrie ! Prenez délicatement une feuille de brick, pliez-la en deux. Rabattez vers l'intérieur le bord arrondi pour former une bande rectangulaire. Déposez à une extrémité 1 cuillère à soupe de la préparation. Pliez pour former un triangle.

3 Rabattez bien vers l'intérieur le haut de votre jolie brick triangulaire et déposez-la sur la plaque du four recouverte de papier sulfurisé. Occupez-vous des autres feuilles à plier ! Hop là !

4 Étalez au pinceau un peu de jaune d'œuf battu en omelette sur le dessus pour que ça brille (cf. p. 11). Parfait ! C'est parti pour 10 minutes de cuisson ! Servez illico presto à vos parents, et préparez-vous aux compliments !

Les astuces de Mlle Graindesel

Amusez-vous à créer vos propres recettes en variant les garnitures salées (viande hachée, dés de légumes) ou sucrées (pommes, bananes, chocolat).

Les ingrédients

- 8 feuilles de brick
- 250 g de mozzarella (poids égoutté)
- 15 copeaux de tomates séchées
- 2 cuillères à soupe de basilic surgelé
- 1 jaune d'œuf

4 à 6 personnes
Assez facile
20 minutes
25 minutes

Les lasagnes à la bolognaise

*Per tutta la famiglia !**

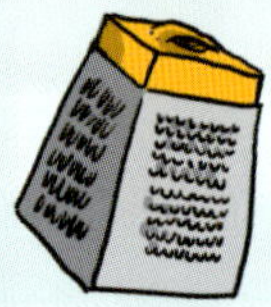

1 Commencez par la sauce Béchamel ! Faites fondre le beurre à feu doux dans une casserole. Ajoutez la farine et mélangez avec un fouet, en laissant chauffer 1 minute.

2 Versez le lait petit à petit. Ne vous arrêtez pas de fouetter ! Augmentez la température sous la casserole. Fouettez encore quelques minutes. Quand la sauce a suffisamment épaissi, retirez-la du feu. Salez, poivrez et n'oubliez pas la pointe de noix de muscade !

3 Épluchez et coupez l'oignon en petits dés. Faites-les revenir avec l'huile d'olive dans une grande poêle. Ajoutez la viande hachée et faites cuire à feu moyen. Versez la pulpe de tomates en dés, salez, poivrez et mélangez. Hop ! un couvercle sur la poêle ! Laissez mijoter 5 minutes à feu doux.

4 Préchauffez le four à 200-210° (thermostat 6-7). Dans un grand plat à gratin huilé, répartissez les feuilles de lasagnes sur tout le fond. Nappez de béchamel, ajoutez une couche de viande à la sauce tomate, un peu de béchamel, des nouvelles feuilles de lasagnes, de la béchamel, de la viande, et ainsi de suite…
Terminez par des feuilles de lasagnes recouvertes d'une bonne couche de béchamel et de gruyère râpé. Laissez cuire 25 minutes… *Buon appetito*** !

* Pour toute la famille.
** Bon appétit !

Les ingrédients

* 250 g de feuilles de lasagnes précuites

Pour ½ l de sauce Béchamel :

* 50 g de beurre
* 2 cuillères à soupe de farine
* ½ l de lait
* Sel, poivre et noix de muscade râpée

Variante

N'hésitez pas à tester d'autres garnitures ! Pourquoi pas une version mexicaine avec des blancs de poulet, du maïs et de la sauce tomate relevée avec du cumin ?

Pour la garniture :

* 500 g de bœuf haché
* 400 g de pulpe de tomates en dés
* 1 oignon
* 100 g de gruyère râpé
* 1 cuillère à soupe d'huile d'olive
* Sel et poivre

4 à 6 personnes
Très facile
3 heures au congélateur
15 minutes

La mousse glacée au citron

Une glace maison super-facile !

1 Pressez le jus du citron. Avec une râpe ou un zesteur, prélevez le zeste au-dessus d'un bol.

2 Dans le bol du mixeur, versez le lait concentré, les sucres, le jus et le zeste du citron. Et zou ! c'est parti pour un tour ! Mélangez quelques secondes et versez la préparation dans un bac en plastique fermé par un couvercle.

3 Un peu de patience, il faut attendre au moins 3 heures avant de savourer cette délicieuse glace au parfum citronné !

Les ingrédients

- 1 citron
- 1 boîte de lait concentré non sucré
- 100 g de sucre en poudre
- 1 sachet de sucre vanillé

Les douces meringues

C'est la classe !

- 4 à 6 personnes
- Facile
- 20 minutes
- 1 heure
- 50 minutes

1 Commencez par verser dans des ramequins les différents sucres pour les avoir à portée de main pendant que vous battrez les blancs d'œufs en neige.

2 Préchauffez le four à 150° (thermostat 5).

3 Montez les blancs d'œufs en neige avec le sel (pour savoir comment faire, allez voir p. 12). Tout en continuant à battre, versez le sucre vanillé, mélangez quelques secondes et ajoutez le sucre en poudre. Une fois les sucres bien dissous, ajoutez le sucre glace et mélangez d'un coup de batteur !

4 Sur la plaque du four recouverte de papier sulfurisé, formez des petites boules à l'aide d'une cuillère. Baissez tout de suite la température du four à 100° (thermostat 3-4) et laissez cuire 1 heure environ.

5 Surveillez le dessus de vos meringues. Elles ne doivent pas brunir ! Si besoin, baissez encore la température. À la fin du temps de cuisson, laissez-les reposer à l'intérieur du four pendant 50 minutes environ.

L'astuce de Mlle Graindesel

Vous avez envie de varier les parfums et les couleurs ? Remplacez le sucre glace par 1 cuillère à soupe de cacao amer en poudre ou par un peu de colorant alimentaire !

Les ingrédients

- 2 blancs d'œufs
- 80 g de sucre en poudre
- 1 sachet de sucre vanillé
- 1 cuillère à soupe de sucre glace
- 1 pincée de sel

6 personnes
Facile
25 minutes
4 heures au réfrigérateur

Le célèbre tiramisu

Le dessert inratable des Italiens...

L'astuce de Mlle Graindesel

Vous êtes très pressée ? Supprimez les blancs d'œufs dans la recette et laissez reposer votre tiramisu 1 heure au congélateur avant de le servir.

Les ingrédients

* 250 g de mascarpone
* 20 cl de crème fraîche épaisse
* 3 œufs
* 120 g de sucre en poudre
* 30 boudoirs ou biscuits à la cuiller
* ½ l de café froid
* 2 cuillères à soupe de cacao amer en poudre
* 1 pincée de sel

❶ Séparez les blancs d'œufs des jaunes. Chacun son saladier ! Fouettez les jaunes avec le sucre jusqu'à ce que le mélange blanchisse.
Ajoutez le mascarpone et la crème fraîche. Mélangez, mélangez, votre crème doit être bien lisse. Super ! Mettez-la de côté.

❷ Montez les blancs d'œufs en neige* ferme avec le sel. Incorporez tout en douceur les blancs en neige* à la préparation au mascarpone.

❸ Versez le café froid dans une assiette creuse. Trempez les boudoirs recto verso très rapidement dans le café. Il faut les imbiber, pas les émietter ! Déposez-les au fond d'un plat à bords hauts, bien serrés les uns contre les autres. Étalez par-dessus la moitié de la préparation au mascarpone.
Recouvrez d'une nouvelle série de boudoirs imbibés de café et versez pour finir le reste de la préparation.

❹ Protégez le plat avec un film alimentaire et mettez-le au réfrigérateur pendant au moins 4 heures. Juste avant de servir, saupoudrez votre tiramisu de cacao en poudre. *Mamma mia !* Vous allez vous régaler !

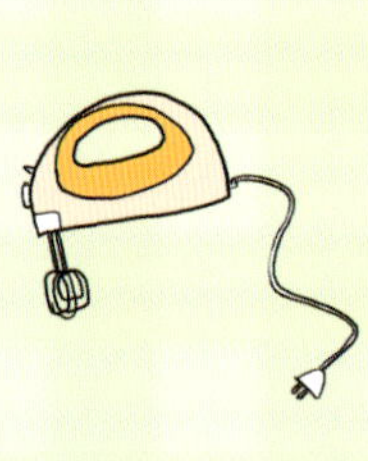

* Voir p. 12

Attention !
Le tiramisu
ne se conserve pas
plus de 24 heures !

Menus couleurs

Voir la vie en rose, pour ne pas rougir de colère, ni devenir verte de rage… De l'entrée au dessert, cuisiner en couleurs, c'est possible !

4 à 6 personnes
Facile
15 minutes
30 minutes

Le flan de tomates

Pour rougir de plaisir !

L'astuce de Mlle Graindesel

Le flan se conserve 48 heures au réfrigérateur. Vous pouvez le considérer comme une terrine et l'étaler au couteau sur des toasts ! Cela fera un joli apéritif !

Les ingrédients

- 800 g de pulpe de tomates en dés (s'achète en conserve)
- 2 œufs
- 2 jaunes d'œufs
- 3 cuillères à soupe de basilic surgelé
- 2 cuillères à soupe d'huile d'olive
- Sel et poivre

1. Versez l'huile dans une cocotte et faites revenir la pulpe de tomates, d'abord à feu vif, puis 10 minutes en baissant la température afin qu'elle perde un peu de son jus. Remuez régulièrement avec une cuillère en bois. Mmm, ça sent bon !

2. Préchauffez le four à 180° (thermostat 6).

3. Versez la pulpe de tomates dans le bol d'un mixeur et faites tourner quelques secondes seulement. Vous obtenez une purée épaisse.

4. Dans un saladier, mélangez la purée de tomates avec les œufs, les jaunes d'œufs et le basilic. Salez, poivrez et n'hésitez pas à goûter !

5. Versez la préparation dans un moule à manqué légèrement huilé. Enfournez pour 30 minutes environ. Après 10 minutes de cuisson, baissez la température à 160° (thermostat 5-6).

6. Votre flan est très réussi ! Laissez-le refroidir avant de le démouler. Il se déguste tiède ou froid, seul, avec une salade ou en accompagnement d'une viande ou d'un poisson.

Que faire des blancs d'œufs ?

Si vous n'en avez aucune idée, nous si ! Allez donc faire un tour p. 39…

4 à 6 personnes
Facile
20 minutes
2 heures au réfrigérateur

Les petits gaspachos rouges

Olé !

Le petit + de Mlle Graindesel

Il vous reste un peu de pain ? Coupez-le en dés et faites-les revenir à la poêle avec un peu d'huile d'olive. Vous obtiendrez des petits croûtons à déguster dans les gaspachos !

Les ingrédients

- 1 kg de tomates
- 1 concombre
- ½ poivron vert
- 2 tranches de pain rassis sans la croûte
- 1 cuillère à soupe de vinaigre de Xérès
- 4 cuillères à soupe d'huile d'olive
- 1 grand verre d'eau
- Sel et poivre

1 Plongez les tomates dans une casserole d'eau bouillante. Au bout d'1 minute, égouttez-les dans une passoire et passez-les sous l'eau froide. Sur une planche à découper, ôtez la peau et le pédoncule. Normalement, ça vient tout seul !

2 Lavez le poivron, épluchez le concombre. Coupez-les dans la longueur pour enlever facilement les pépins.

3 Déposez tous les légumes coupés en petits morceaux dans le bol du mixeur. Ajoutez l'eau. Mixez, mixez, olé ! Ajoutez petit à petit la mie de pain, le vinaigre et l'huile d'olive. Votre gaspacho a une belle consistance ? Stop ! Arrêtez tout !

4 Goûtez la préparation. Salez et poivrez selon votre goût. Versez dans des petits verres, recouvrez-les de film alimentaire et mettez-les au réfrigérateur pendant au moins 2 heures !

Le crumble aux cerises

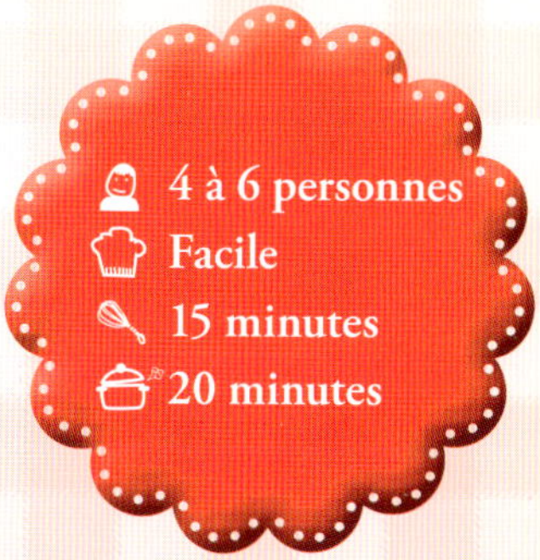

- 4 à 6 personnes
- Facile
- 15 minutes
- 20 minutes

La version rouge d'un grand classique !

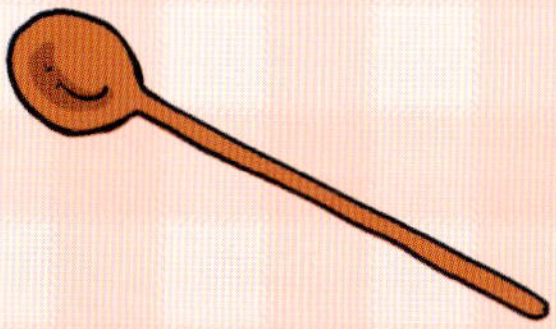

1. Préchauffez le four à 180° (thermostat 6).

2. Mélangez dans un grand saladier la farine, le sucre et la poudre d'amandes. Faites tomber dessus les morceaux de beurre et émiettez le tout avec vos doigts. Eh oui, pour une fois, vous avez le droit ! Votre mélange ressemble maintenant à une belle poudre.

3. Beurrez un plat à gratin rectangulaire. Recouvrez le fond de cerises. Répartissez uniformément la pâte à crumble sur les cerises.

4. Hop ! Enfournez pour 20 minutes environ. Surveillez bien le dessus du crumble. La croûte doit être juste dorée !

5. Servez tiède, avec une boule de glace à la vanille ou aux fruits… rouges bien sûr ! Et si vous avez peur d'avoir froid, de la crème anglaise suffira !

L'astuce de Mlle Graindesel

Vous pouvez utiliser des cerises surgelées, à faire décongeler avant de commencer la recette ! N'hésitez pas à réaliser ce crumble avec toutes sortes de fruits : pommes, poires, pêches…

Les ingrédients

- 300 g de cerises dénoyautées
- 125 g de farine
- 100 g de sucre en poudre
- 80 g de poudre d'amandes
- 100 g de beurre ramolli coupé en morceaux (mettez-en un peu de côté pour beurrer le moule)

4 à 6 personnes
Assez facile
20 minutes
45 minutes

Le flan de courgettes

Légumes, je vous aime !

L'astuce de Mlle Graindesel

Vous pouvez ajouter 150 g de chèvre frais émietté, votre flan aura plus de caractère ! Et si vous voulez faire un gratin de courgettes, ajoutez de l'emmental râpé dessus…

1. Préchauffez le four à 180° (thermostat 6).
Lavez et séchez soigneusement les courgettes. Sur une planche, coupez-les en rondelles ou en petits dés, selon votre choix, ni trop gros, ni trop fins. Épluchez et émincez l'oignon : attention aux doigts ! Si votre maman vous voit pleurer, rassurez-la vite !

2. Dans une grande poêle, faites chauffer 2 cuillères à soupe d'huile. Ajoutez les oignons et les courgettes et faites-les revenir à feu moyen en remuant bien !
Vos courgettes sont devenues bien translucides ? On sale, on poivre et on met la poêle de côté !

3. Dans un grand saladier, battez les œufs en omelette et ajoutez la crème fraîche. Encore du sel, du poivre et, petite touche de vert, on découpe la ciboulette en mini-brins !

4. Dans un plat à gratin huilé, étalez le mélange courgettes et oignons, puis versez dessus la préparation aux œufs.
Plus une minute à perdre ! Enfournez pour 45 minutes. Attention, le flan doit dorer légèrement mais ne doit pas être trop cuit ! Laissez refroidir le plat quelques instants avant de servir.

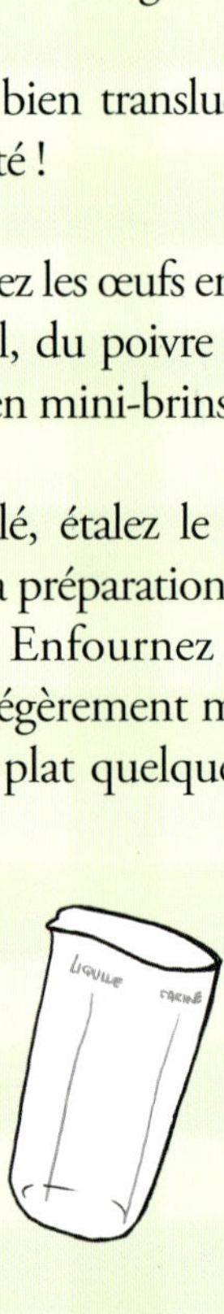

La bonne idée !

Juste au moment de servir, vous pouvez piquer dans votre plat des grands brins de ciboulette, deux par deux, pour former de beaux V comme… VERT !

Les ingrédients

- 3 ou 4 courgettes
- 1 oignon
- 2 œufs
- 20 cl de crème fraîche liquide
- 3 cuillères à soupe d'huile d'olive
- 8 brins de ciboulette
- Sel et poivre

4 personnes
Facile
10 minutes
30 minutes

La soupe glacée de concombre

Ah glagla, la soupe froide !

La déco de Mlle Graindesel

Une petite feuille de menthe dans chacune des verrines, des gressins, des glaçons (dans lesquels vous aurez placé des… herbes fraîches), etc.

Les ingrédients

* 1 concombre
* 2 yaourts crémeux nature (ou du fromage blanc)
* 2 brins de menthe
* 6 brins de ciboulette
* Sel et poivre

1. Ôtez les deux extrémités du concombre, coupez-le en deux puis épluchez-le. Coupez-le en morceaux.

2. Passez la menthe et la ciboulette sous l'eau. Déposez-les sur du papier absorbant. Détachez les feuilles de menthe et coupez la ciboulette en mini-brins.

3. Mettez les morceaux de concombre dans le bol du mixeur, ajoutez les yaourts, la menthe et la ciboulette. N'oubliez pas de bien refermer le couvercle. 1, 2, 3 ! Mixez ! Au bout de quelques secondes, le mélange devient bien onctueux. Salez et poivrez la préparation.

4. Versez le mélange dans quatre verrines transparentes. Placez-les au moins 30 minutes au réfrigérateur avant de servir. Mmm, voilà une entrée toute verte, très fraîche et délicieusement parfumée !

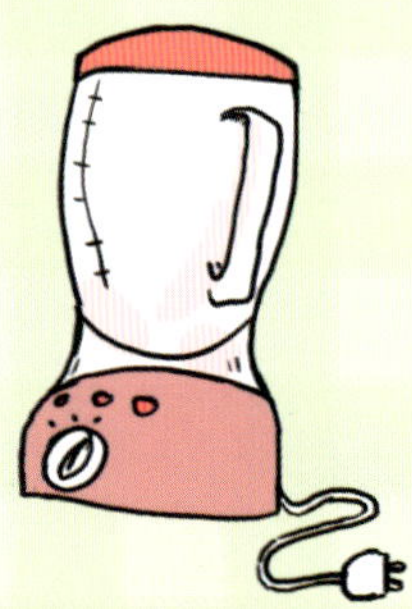

Les green* verrines

- 4 personnes
- Très facile
- 10 minutes

Mettez-vous au vert !

1. Pensez à sortir la glace à la pistache du congélateur assez en avance.
Épluchez les kiwis et coupez-les en petits morceaux. Répartissez-les au fond de quatre verrines.

2. Au tour de la glace ! À l'aide de deux cuillères à soupe, répartissez-la sur les kiwis.

3. Décorez avec les feuilles de menthe coupées en petites lanières juste au-dessus de chaque verre. Quel doux parfum !

4. Servez tout de suite ce dessert aux saveurs irrésistibles !

L'info de Mlle Graindesel

Saviez-vous qu'un kiwi contient plus de vitamine C qu'une orange (80 mg contre 53 mg) ? Ainsi, il comble votre besoin journalier en vitamine C.

Les ingrédients

- 2 kiwis
- 4 cuillères à soupe de glace à la pistache
- 8 feuilles de menthe

* Vertes

4 personnes
Facile
15 minutes
10 minutes

Les tagliatelles au saumon

Une recette surprise !

La petite histoire de Mlle Graindesel

Le curry ou cari est un mélange de différentes épices. En Inde, il en existe de nombreuses recettes qui varient selon les régions.

Les ingrédients

* 400 g de tagliatelles
* 150 g de saumon fumé coupé en dés
* 25 cl de crème fraîche liquide
* 1 cuillère à soupe de curry en poudre
* Huile d'olive
* Gros sel
* Sel et poivre

1. Dans la plus grosse casserole que vous trouverez, faites chauffer une grande quantité d'eau avec 1 cuillère à soupe de gros sel. Mettez un couvercle par-dessus, cela chauffera plus vite et économisera de l'énergie !

2. Pendant ce temps, faites chauffer les dés de saumon avec une goutte d'huile d'olive à feu doux, dans une poêle. Saupoudrez de curry, mélangez bien avec une cuillère en bois et hop ! versez la crème… Quelle délicieuse odeur ! Salez (mais pas trop !) et poivrez. Encore deux tours de cuillère, stop ! Éteignez le feu sous la poêle.

3. Un petit coup d'œil sur la casserole… Oh ! Les grosses bulles ! Vite, plongez les tagliatelles dans l'eau ! Mélangez bien pour que les pâtes n'attachent pas au fond de la casserole.

4. Vérifiez sur l'emballage le temps de cuisson des pâtes et respectez-le ! Une fois les pâtes cuites, versez-les dans la passoire pour les égoutter. Mettez-les dans un plat à hauts bords et recouvrez-les de votre belle sauce orangée ! Par-fait ! Mélangez délicatement.

5. À présent, laissez vos invités deviner tous les ingrédients de votre recette !

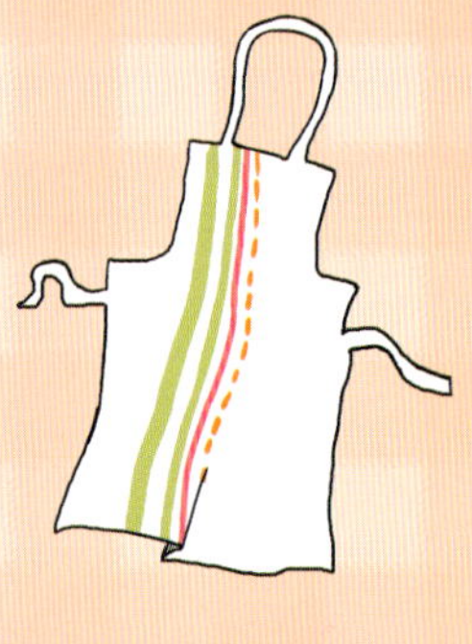

4 personnes
Facile
10 minutes
20 minutes

Le velouté aux carottes

Tout chaud, tout doux !

Le petit + de Mlle Graindesel

Vous pouvez tester cette recette en remplaçant les carottes par des courgettes !

1 Faites chauffer de l'eau dans une grande casserole. Pendant ce temps, épluchez les carottes, rincez-les sous l'eau froide et coupez-les en rondelles.
Lorsque l'eau bout, versez dans la casserole le gros sel et l'huile, puis les jolies rondelles de carottes et laissez cuire 20 minutes en remuant régulièrement.

2 Utilisez une écumoire pour déposer les rondelles de carottes dans le bol du mixeur. Ajoutez les fromages frais et 2 louches de l'eau de cuisson. Mixez quelques secondes. Un peu de sel, du poivre. Si le mélange vous semble trop épais, ajoutez un peu d'eau de cuisson, et hop ! mélangez de plus belle !

3 Servez aussitôt dans de jolis bols ou dans des assiettes creuses, avec du fromage râpé, des petits croûtons ou quelques brins de persil !

Les ingrédients

* 1 kg de carottes
* 2 petits fromages frais
* 1 cuillère à soupe d'huile d'olive
* Gros sel
* Sel et poivre

Les crêpes soleil

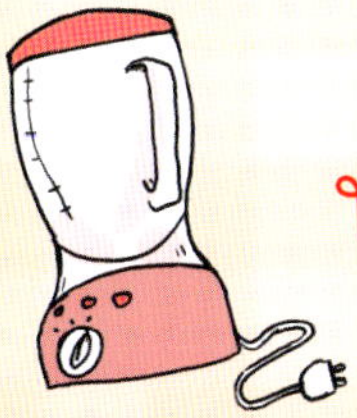

Un zeste de fantaisie, un goût unique !

- 4 à 6 personnes
- Assez facile
- 15 minutes
- 30 minutes
- 2 ou 3 minutes par crêpe

1 Dans le bol du mixeur, versez la farine et le sel. Ajoutez l'œuf, puis le lait et mixez jusqu'à ce qu'il n'y ait plus un seul grumeau ! Versez la pâte dans un saladier et ajoutez l'huile. Mélangez.

2 Nettoyez 1 orange et frottez délicatement son écorce contre la grille fine d'une râpe pour obtenir le zeste. Ajoutez-le dans la pâte à crêpes. Recouvrez le saladier de film alimentaire et laissez reposer la pâte pendant au moins 30 minutes à température ambiante.

3 Faites chauffer la poêle. Laissez fondre un peu de beurre dedans et versez une petite louche de pâte. Vite ! Inclinez la poêle pour que la pâte s'étale bien. Dès que des petites cloques se forment sur la crêpe, il est temps de la retourner avec la spatule (normalement, ça se décolle tout seul). Et hop ! la crêpe est bien dorée ! Faites-la glisser sur une assiette et reposez la poêle sur la plaque de cuisson. Il faut cuire toutes les autres, maintenant !

4 Pour la présentation, disposez les crêpes sur des assiettes. Saupoudrez-les de sucre et placez au centre de chacune d'elles une rondelle d'orange et des morceaux tout autour, comme des rayons de soleil.

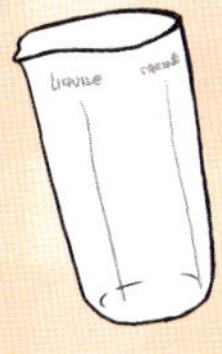

Le conseil de Mlle Graindesel

Pour obtenir une pâte à crêpes au parfum différent, remplacez le zeste d'orange par un peu d'extrait de vanille ou par de la cannelle en poudre.

Les ingrédients

Pour 10 crêpes environ

- 3 oranges (dont 2 pour la décoration)
- 100 g de farine
- 1 œuf
- 25 cl de lait
- 1 cuillère à café d'huile
- 2 cuillères à soupe de sucre en poudre
- 20 g de beurre
- 1 pincée de sel

- 4 à 6 personnes
- Très facile
- 20 minutes
- 15 minutes

Toasts de pommes de terre au tarama

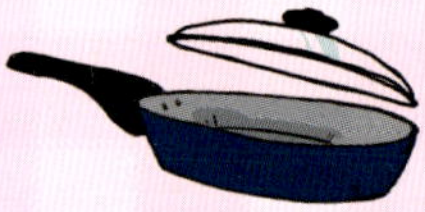

C'est l'apérose !

❶ Épluchez les pommes de terre, rincez-les et coupez-les en tranches épaisses.

❷ C'est l'heure du bain ! Plongez les tranches de pommes de terre dans une grande casserole d'eau froide avec le gros sel. Faites chauffer à feu vif. L'eau bout ? Laissez cuire environ 10 minutes. Piquez les tranches avec la pointe d'un couteau. La chair doit être tendre.

❸ Égouttez soigneusement les tranches de pommes de terre avec une passoire et déposez-les dans une assiette sur du papier absorbant.

❹ Quelques minutes seulement avant de servir votre plat, chauffez un peu de beurre dans une poêle. Faites revenir à feu vif vos tranches de pommes de terre. Vos toasts sont bien dorés !

❺ Tartinez les toasts de pomme de terre avec le tarama et disposez-les sur un joli plat. Quelques gouttes de jus de citron par-ci, par-là. C'est fini !
Dégustez sans tarder du bout des doigts ou à table, avec une belle salade (de la chicorée de Trévise, elle a des feuilles roses !).

L'astuce de Mlle Graindesel

Si vous n'aimez pas le tarama, hachez 2 tranches de jambon et mélangez avec 1 cuillère à café de mayonnaise. C'est tout aussi rose et tout aussi bon !

Les ingrédients

* 8 petites pommes de terre
* 1 petit pot de tarama
* ½ citron jaune
* 1 pincée de gros sel
* Huile d'olive

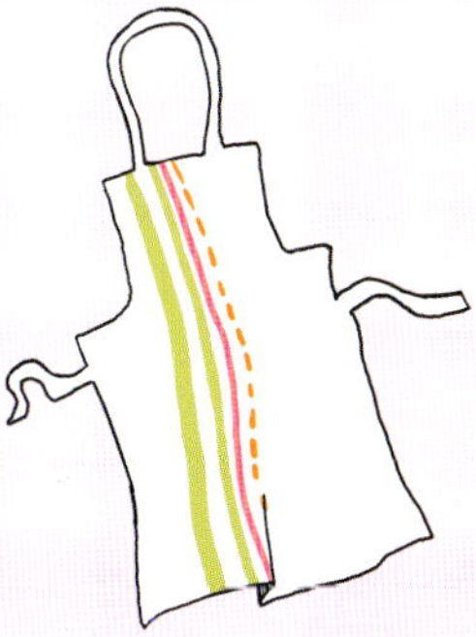

Les verrines roses

4 personnes
Très facile
15 minutes

Des betteraves tendance !

❶ Sur une assiette, découpez la betterave en petits morceaux que vous répartirez au fond des quatre verrines. Dans la même assiette, mélangez le chèvre frais avec le jus rose, il va prendre une jolie couleur !

❷ Versez un peu d'huile et de sel sur la betterave et mélangez. À l'aide de deux petites cuillères, déposez le fromage dans chacune des verrines.

❸ Lavez les radis, ôtez leurs deux extrémités et coupez-les en rondelles. Répartissez-les dans chaque verrine. Oh ! le beau dégradé de roses ! Conservez vos verrines au frais jusqu'au moment de servir.

L'astuce de Mlle Graindesel

Cette verrine peut se déguster avec des crackers ou des petits toasts de baguette grillée.

Les ingrédients

* 1 betterave sous vide
* 8 radis
* 150 g de chèvre frais
* 1 cuillère à soupe d'huile d'olive
* Sel

- 4 à 6 personnes
- Assez facile
- 30 minutes + 1 heure au réfrigérateur
- 20 minutes
- 10 minutes

La mousse de fraises Tagada®

Un vrai bonheur !

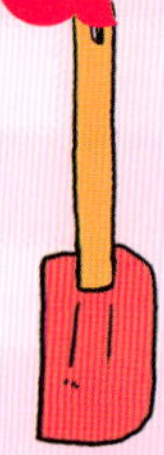

L'astuce de Mlle Graindesel

Vous pouvez tester cette recette avec les bonbons banane, c'est délicieux !

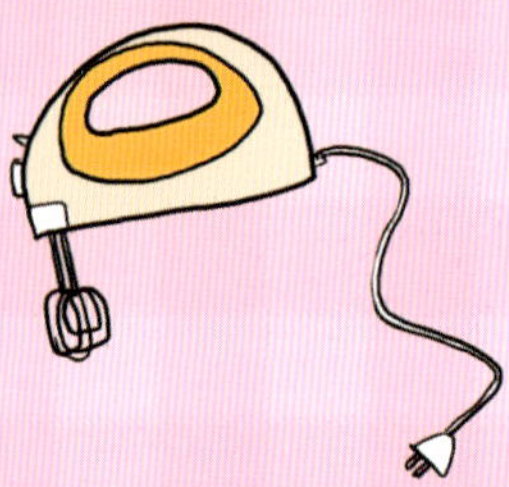

Les ingrédients

- 40 cl de crème fraîche liquide entière conservée au réfrigérateur
- 18 fraises Tagada® (dont 6 pour la décoration)

1. Placez les fouets du batteur électrique et un saladier au réfrigérateur.

2. Faites chauffer 10 cl de crème à feu doux dans une casserole. Ajoutez les fraises, une à une, et faites-les fondre en remuant régulièrement.

3. Quand tout a fondu, versez la crème rose dans un saladier et laissez-la refroidir pendant environ 30 minutes dans un endroit frais.

4. Avec le batteur électrique, montez le reste de crème dans le saladier froid en une superbe chantilly ! Bravo, vous avez réussi ! À l'aide d'un fouet, incorporez très délicatement à la chantilly la crème aux fraises Tagada® et hop ! au réfrigérateur pour 1 heure !

5. Au moment de servir, répartissez la préparation dans de jolis ramequins individuels décorés de bonbons.

Joyeux anniversaire !

Vous attendez tous vos amis chéris pour une fête d'anniversaire réussie ? Ne vous inquiétez pas, vous allez tout bien préparer !

- 4 à 6 personnes
- Assez facile
- 15 minutes
- 25 minutes

Les stars chouquettes !

Les chouchous des stars !

La petite histoire de Mlle Graindesel

La recette traditionnelle se fait avec 20 cl d'eau. Une touche de lait donne du moelleux aux chouquettes !

1. Préchauffez le four à 170° (thermostat 5-6).

2. Faites chauffer l'eau, le lait, le beurre coupé en morceaux et la pincée de sel dans une casserole. Dès que des bulles apparaissent, retirez la casserole du feu.

3. Versez la farine, en une seule fois, et mélangez avec une cuillère en bois jusqu'à ce que la pâte forme une grosse boule qui se décolle facilement des parois de la casserole.

4. Ajoutez les œufs, l'un après l'autre. Mélangez soigneusement. Votre pâte est maintenant lisse et brillante !

5. Sur la plaque du four recouverte de papier sulfurisé, formez des petites boules à la cuillère. Pensez à bien les espacer car les chouquettes vont gonfler !

6. Enfournez pour 25 minutes environ. Surveillez attentivement les chouquettes qui doivent prendre une jolie couleur dorée !

7. À la sortie du four, percez vos chouquettes avec un couteau pour que l'air qu'elles contiennent puisse s'échapper. Avec des grains de sucre ou des petites étoiles, elles ont un look de stars.

Les ingrédients

Pour une vingtaine de chouquettes

- 75 g de farine
- 2 œufs
- 10 cl d'eau
- 10 cl de lait
- 50 g de beurre
- Sucre en grains ou petites étoiles en sucre
- 1 pincée de sel

Profiteroles express

Fourrez vos chouquettes de crème chantilly ou de glace à la vanille et nappez de sauce au chocolat (voir p. 83). Un vrai dessert de fête !

4 à 6 personnes
Facile
15 minutes
20 minutes

Le gâteau au chocolat chéri

Son secret est bien caché…

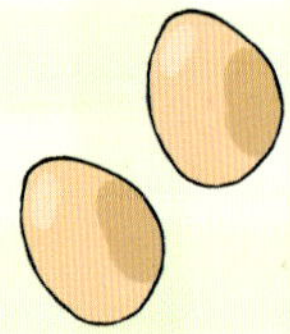

L'astuce de Mlle Graindesel

Vous pouvez cacher bien d'autres choses dans votre gâteau chéri : des noisettes, des noix de pécan, des framboises, mais évitez les fèves pour ne pas y casser vos dents !

1. Préchauffez le four à 180° (thermostat 6).

2. Faites fondre à feu très doux le chocolat noir découpé en carrés, dans une grande casserole. Dès qu'il est bien mou, retirez-le du feu, ajoutez le beurre et mélangez !

3. Dans un saladier, mélangez la farine, la levure et le sucre. Ajoutez les œufs et tournez vigoureusement avec un fouet. Ajoutez petit à petit le chocolat fondu. Mélangez bien.

4. Beurrez un moule à manqué (avec une forme sympa), versez la moitié de la préparation. Cassez les carrés de chocolat blanc en grosses pépites et semez ces petits trésors sur la pâte à gâteau. Recouvrez soigneusement le tout avec l'autre moitié de pâte.

5. Enfournez pour 20 minutes et n'hésitez pas à baisser la température du four dès que le dessus du gâteau semble durcir…

6. Laissez refroidir et servez à vos amies ce gâteau noir et blanc aux saveurs très chocolatées !

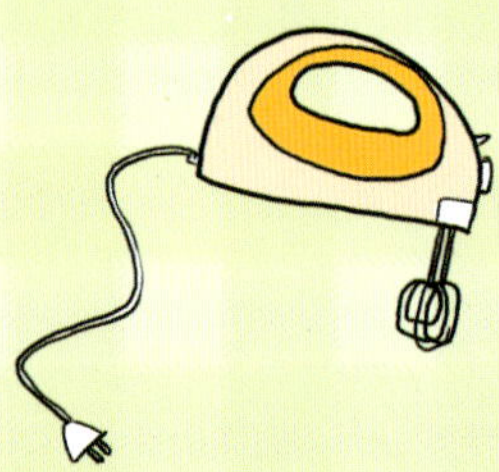

Les ingrédients

- 200 g de chocolat noir
- 15 carrés de chocolat blanc
- 100 g de beurre
- 50 g de farine
- 75 g de sucre en poudre
- 2 œufs
- 1 cuillère à café de levure chimique

L' histoire de Mlle Graindesel

Cupcake est le nom donné aux États-Unis et en Grande-Bretagne à un petit gâteau autrefois cuit directement dans une tasse.

4 à 6 personnes
Assez facile
25 minutes
15 minutes

La ronde des cupcakes

A cup of tea ? No ! A cupcake !*

Les ingrédients

Pour 18 cupcakes environ

* 150 g de farine
* 100 g de beurre ramolli
* 3 œufs
* 125 g de sucre en poudre
* 125 ml de lait
* 50 g de chocolat noir
* 1 cuillère à café d'extrait de vanille
* 3 cuillères à soupe de myrtilles surgelées
* 2 cuillières à café de levure chimique

Pour le glaçage:

* 100 g de beurre mou
* 200 g de sucre glace
* 2 cuillères à soupe de lait
* Colorants alimentaires
* Menthe hachée surgelée

1 Avec un batteur électrique, mélangez à petite vitesse le beurre et le sucre. Dès que c'est bien crémeux, ajoutez les œufs, la farine et la levure. Versez le lait petit à petit. La pâte à cupcakes est prête !

2 Préchauffez le four à 180° (thermostat 6). Faites fondre à feu doux le chocolat avec un peu d'eau dans une casserole. Placez des caissettes en papier dans des moules à muffins.

3 Placez devant vous trois grands bols et répartissez équitablement la préparation. Dans le premier, ajoutez l'extrait de vanille, dans le deuxième le chocolat fondu et dans le troisième, les myrtilles. Mélangez bien chacune des préparations ! Répartissez-les dans les caissettes en les remplissant aux deux tiers. Enfournez pour 15 minutes environ.

4 Pendant ce temps, préparez le glaçage ! À l'aide du batteur, mélangez le beurre, le sucre glace et le lait pendant quelques minutes. La crème doit être lisse et aérée !

5 Séparez votre crème en trois bols et, petite fée des cupcakes, ajoutez les colorants. Pour le rose, utilisez du colorant alimentaire ou de la grenadine. Pour le vert, n'oubliez pas d'ajouter la menthe hachée au colorant. Pour le violet, le jus des myrtilles peut remplacer le mélange de colorants !

* Une tasse de thé ? Non ! Un cupcake !

Frosting !

Frosting signifie « glaçage » en anglais.
Une fois les gâteaux refroidis,
nappez-les de glaçage.
Ne vous trompez pas !
Cupcakes vanille > glaçage rose.
Cupcakes chocolat > glaçage vert.
Cupakes myrtilles > glaçage violet.
Puis décorez-les de sucres
de couleurs.

4 à 6 personnes
Facile
20 minutes
1 nuit entière

La bûche aux pêches

On ne mange pas des bûches qu'à Noël !

Le mémo de Mlle Graindesel

Dites, les étourdies, n'oubliez pas qu'il faut préparer ce dessert la veille !

1. Tapissez l'intérieur d'un moule à cake de film alimentaire en laissant bien déborder le film sur tous les côtés.

2. Lavez et séchez rapidement les framboises. Coupez les pêches en grosses lamelles et versez le sirop dans une assiette creuse. Hop, hop ! trempez un à un les boudoirs dans le sirop de pêche sans trop les imbiber !
Tapissez le fond du moule avec les boudoirs, comme si vous fabriquiez un mur en briques. N'oubliez pas les côtés ! Bravo !

3. À présent, alternez une couche de crème chantilly (pas trop épaisse), les pêches et les framboises, une couche de boudoirs au sirop, une couche de crème, etc. Terminez par une couche de boudoirs au sirop.
Repliez bien le film alimentaire sur le moule et laissez toute la nuit au réfrigérateur.

4. Retournez le moule sur un plat. Votre bûche est bien compacte, c'est parfait ! Décorez-la avec quelques framboises et pourquoi pas des arabesques de crème chantilly.

Les ingrédients

* 1 boîte de 30 boudoirs
* 1 bombe de crème chantilly
* 1 grosse boîte de pêches au sirop
* 250 g de framboises + quelques-unes pour la décoration (surgelées éventuellement)

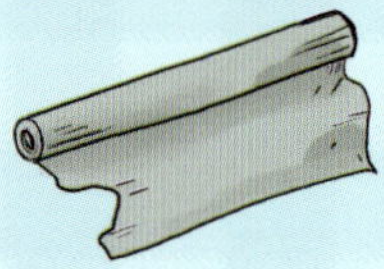

Les nutell'tartes

- 4 à 6 personnes
- Très facile
- 15 minutes
- 10 minutes

Chocolat, bonbons et fantaisie !

1. Préchauffez le four à 150° (thermostat 5). Étalez la pâte devant vous. Découpez dedans des mini-tartes avec des emporte-pièce ou un petit verre à moutarde. Piquez le fond des tartes avec une fourchette.

2. Placez les tartes sur la plaque du four recouverte de papier sulfurisé et enfournez pour 10 à 12 minutes. Elles doivent être à peine dorées, surveillez-les bien !

3. Sortez la plaque du four et n'attendez pas pour créer vos nutell'tartes. À l'aide d'un petit couteau, étalez le Nutella® sur les tartelettes et variez les garnitures selon vos envies. Mini-Smarties®, amandes effilées, noisettes, noix de coco en poudre ou miettes de spéculoos, aujourd'hui, tout est permis !

L'astuce de Mlle Graindesel

Si vous préférez utiliser la pâte sablée pour faire une grande nutell'tarte, prévoyez juste de laisser cuire la pâte un peu plus longtemps (15 à 20 minutes).

Les ingrédients

* 1 rouleau de pâte sablée
* 1 petit pot de Nutella®
* 4 boîtes de mini-Smarties®
* 2 spéculoos
* Noix de coco en poudre ou quelques noisettes décortiquées, amandes effilées…

Les cocktails girly

Que la fête commence !

Cinderella

Dans un grand verre, déposez quelques glaçons, versez les jus d' ½ citron vert, d'ananas et d'orange. Mélangez bien avec une grande cuillère. Hop ! versez la limonade pour remplir le reste du verre. Sans remuer, ajoutez 2 traits de sirop de grenadine. Votre cocktail ressemble à un arc-en-ciel de couleurs chaudes ! Et voilà !

Les ingrédients

Pour 1 verre

Cinderella

* Le jus d' ½ citron vert
* 5 cl de jus d'orange
* 5 cl de jus d'ananas
* Limonade
* Sirop de grenadine

Mojito Oh ! Oh !

* ½ citron vert
* 5 cl de jus de pomme
* 1 cuillère à soupe de cassonade
* 2 cuillères à soupe de menthe hachée surgelée
* Limonade
* Feuilles de menthe pour la décoration

Mojito Oh ! Oh !

Épluchez grossièrement le citron, découpez-le en quartiers et écrasez-le au fond du verre. Ajoutez la cassonade et la menthe et mélangez délicatement. Ajoutez des glaçons et versez le jus de pomme. 1, 2, 3 tours de cuillère ! Complétez avec la limonade, décorez d'une feuille de menthe et servez !

Pink party

Déposez des glaçons au fond d'un grand verre. Versez le jus de fruits rouges, le jus de pomme et le jus de citron. Mélangez bien. Décorez d'une tranche d'orange et servez sans tarder !

Pink party

* 8 cl de jus de fruits rouges
* 5 cl de jus de pomme
* Le jus d' ½ citron
* 1 tranche d'orange épluchée

La déco de Mlle Graindesel

Mouillez les bords des verres et retournez-les sur une assiette de gros sucre ou de noix de coco en poudre. N'oubliez pas les pailles !

Très facile
5 minutes par cocktail

Soirée pyjama

Ce soir, vous retrouvez vos amies chéries
pour une soirée pyjama ! Rien de tel que des bons
petits plats pour refaire le monde sans souci !

- 4 à 6 personnes
- Facile
- 15 minutes
- 30 minutes

Les mini-cakes salés

Mini mais gourmands !

Les ingrédients

- 200 g d'allumettes de lardons
- 100 g d'olives vertes dénoyautées
- 3 œufs
- 150 g de farine
- 2 cuillères à soupe d'huile d'olive
- 3 cuillères à soupe de lait
- 100 g de gruyère râpé
- 1 sachet de levure chimique
- Sel et poivre

1. Préchauffez le four à 180° (thermostat 6). Hachez grossièrement les olives.

2. Dans un saladier, fouettez les œufs en omelette. Ajoutez la farine, la levure, puis, en continuant à mélanger, versez l'huile d'olive et le lait. Votre mélange est bien lisse ? Félicitations !

3. Ajoutez les lardons et les olives. Salez, un tout petit peu, et poivrez juste comme il faut ! Petite touche finale : le gruyère râpé. Allez, on mélange une dernière fois ! Versez la préparation dans des mini-moules à cakes…

4. Top chrono ! Enfournez 25 à 30 minutes, les cakes vont gonfler pendant la cuisson. Quand ils sont bien dorés, laissez-les refroidir quelques minutes avant de les démouler, en un clin d'œil !

Fan de cupcakes ?

Versez la préparation dans des petits moules à muffins en silicone, en les remplissant aux deux tiers. Juste avant de servir, recouvrez vos cakes d'un peu de fromage frais mélangé soit à de la ciboulette hachée, soit à des dés de tomates. Cela fera un glaçage formidable !

Les mini-omelettes

- 4 à 6 personnes
- Très facile
- 10 minutes
- 12 minutes

Des œufs et de l'imagination !

❶ Préchauffez le four à 170 ° (thermostat 5-6).

❷ Battez les œufs avec une fourchette. Ajoutez l'eau. Continuez à battre ! Ajoutez la crème liquide, du sel, du poivre et mélangez encore un peu.

❸ Attention ! Utilisez des moules à muffins ou à tartelettes et répartissez 1 ou 2 cuillères à soupe de préparation seulement dans le fond des moules. Vos mini-omelettes doivent rester toutes fines !

❹ Direction le four pendant 12 minutes ! Démoulez vos mini-omelettes et dégustez-les tièdes, sans modération !

Le petit + de Mlle Graindesel

Ciboulette hachée, fromage de chèvre, dés de tomate ou de poivron : à vous de jouer !
Ajoutez les garnitures de votre choix dans les œufs battus avant la cuisson : c'est tout bon !

Les ingrédients

- 6 œufs
- 2 cuillères à soupe de crème fraîche liquide
- 2 cuillères à soupe d'eau
- Sel et poivre

4 à 6 personnes
Facile
15 minutes
18 minutes

Les chouettes tartelettes

Petites douceurs salées !

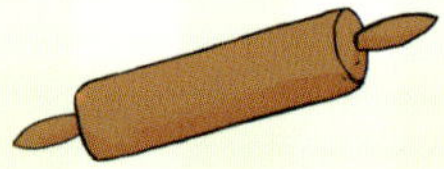

L'astuce de Mlle Graindesel

Les champignons surgelés ? En voilà une bonne idée, en plus, ils sont déjà tout préparés !

1 Faites revenir les champignons à feu doux dans une poêle avec un peu de beurre. Saupoudrez-les de persil et mettez-les de côté. Lavez la tomate. Coupez-la en petits dés, enlevez les pépins ! Dans un bol, battez les œufs avec la crème liquide. Salez et poivrez.

2 Préchauffez le four à 180° (thermostat 6).
Étalez la pâte brisée sur le plan de travail. Placez-la dans les moules à tartelettes. Piquez les fonds de tarte avec une fourchette, la pâte cuira mieux.

3 **Pour les tartelettes à la tomate :** étalez un peu de moutarde, déposez les mini-dés de tomate et saupoudrez de gruyère râpé.
Pour les mini-quiches lorraines : déposez quelques allumettes de lardons, versez 2 cuillères à café de préparation aux œufs et un peu de gruyère râpé !
Pour les tartelettes aux champignons : déposez 1 cuillère à café de champignons poêlés, versez par-dessus un peu de préparation aux œufs, et c'est tout !

4 Disposez vos moules sur une grille du four. Placez-les dans le bas du four pour que le fond des tartelettes soit bien cuit ! Laissez cuire 18 minutes environ, en surveillant bien le dessus de vos tartelettes.

5 Ces petites douceurs se dégustent quelques minutes après la cuisson ou peuvent se réchauffer à feu très doux si vous les avez préparées à l'avance.

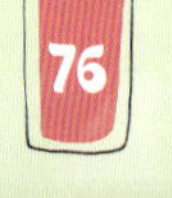

Les ingrédients

Pour 30 tartelettes environ

- 1 ou 2 rouleaux de pâte brisée
- 1 grosse tomate
- 70 g de champignons de Paris émincés
- 70 g d'allumettes de lardons
- 2 œufs
- 10 cl de crème fraîche liquide
- 70 g de gruyère râpé
- Beurre
- Persil
- Moutarde
- Sel et poivre

Envie de sucré ?

Faites cuire les fonds de tartelettes de 10 à 15 minutes. Laissez-les refroidir et étalez dessus un peu de crème dessert à la vanille. Ajoutez des fraises, des pêches ou des dés d'ananas : miam, c'est un délice !

4 à 6 personnes
Très facile
5 minutes
5 minutes

Pop-corn à volonté

Facile et festif !

La petite histoire de Mlle Graindesel

En février 1630, le chef indien Quadequina offre aux colons anglais du maïs qui gonfle et éclate au contact de la chaleur. Ce « pop-corn » deviendra une friandise appréciée dans le monde entier !

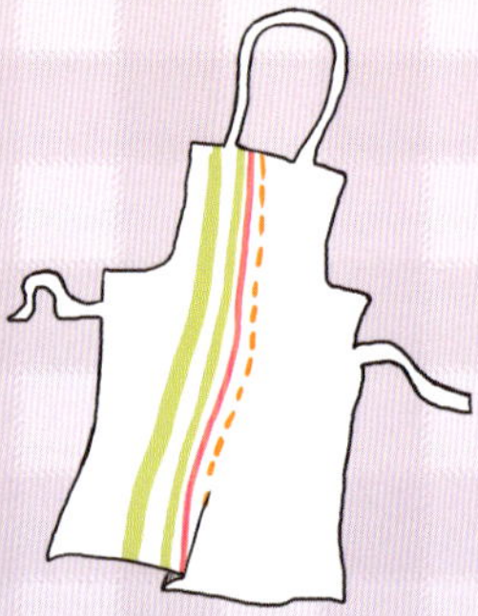

1 Recouvrez d'huile le fond d'une très grande casserole. Versez les grains de maïs en une seule couche (c'est très important pour qu'ils ne brûlent pas !).

2 Placez un couvercle sur la casserole et faites chauffer à feu vif. Si le couvercle est transparent, ce sera plus drôle !

3 Au bout d' 1 minute, le maïs commence à éclater. Pop, pop, pop ! Un peu de patience, maintenez bien le couvercle sur la casserole et baissez un peu le feu.

4 Vous n'entendez plus de « pop » ? Soulevez le couvercle. Waouh ! Le pop-corn est réussi ! Saupoudrez de sucre ou de sel et servez-le illico à vos copines installées devant la télévision !

Les ingrédients

* 1 sachet de maïs à éclater
* Sucre en poudre (ou sel !)
* Huile (pour friture)

125 cl

BLAGUES TORDANTES !

Les pots au Carambar®

Ce n'est pas une blague !

- 4 à 6 personnes
- Facile
- 15 minutes
- 25 minutes

1 Préchauffez le four à 170° (thermostat 5-6).

2 Faites chauffer le lait dans une grande casserole. Dès qu'il bout, baissez la température et ajoutez, petit à petit, les Carambar®. Ne vous laissez pas tenter par la lecture des blagues, il faut tourner avec un fouet sans s'arrêter !

3 Tout a bien fondu ? Mmm, la bonne odeur ! Hors du feu, cassez le chocolat dans la casserole et faites-le fondre en mélangeant avec le fouet.

4 Dans un grand saladier, fouettez les œufs avec le sucre. Ensuite, versez doucement la préparation lait et Carambar®, et mélangez encore.

5 Répartissez la préparation dans des petits pots passant au four. Versez ensuite un fond d'eau dans un grand plat rectangulaire. Disposez vos petits pots dans le plat et enfournez pour 25 minutes environ (c'est la cuisson au bain-marie). Laissez refroidir vos pots au Carambar® puis rangez-les au réfrigérateur.

L'idée de Mlle Graindesel

Vous pouvez utiliser des petits pots pour bébés, ils passent au four et vous feront un peu retourner en enfance !

Les ingrédients

- ½ l de lait entier
- 12 Carambar®
- 50 g de chocolat noir pâtissier
- 4 œufs
- 1 cuillère à soupe de sucre en poudre

Les brochettes de chamallows

- 4 personnes
- Très facile
- 15 minutes
- 5 minutes

Les chamallows, cha m'a l'air bon !

❶ Faites fondre le chocolat en morceaux à feu très doux avec l'eau et mélangez avec une cuillère en bois. Une bonne odeur vous chatouille déjà les narines ! Au lieu de tremper votre doigt pour goûter, versez doucement la crème liquide et mélangez !

❷ Avec vos amies, plantez des piques dans les chamallows et disposez-les sur quatre petites assiettes. Écrasez grossièrement les corn flakes et présentez-les dans un joli bol.

❸ Versez la sauce au chocolat encore tiède dans un petit saladier que vous placerez au centre de la table. N'oubliez pas les autres petits bols avec la noix de coco et le pralin, ou tout autre ingrédient craquant et croquant que vous aurez sous la main !

❹ Place à la gourmandise ! Trempez vos chamallows dans le chocolat fondu, puis dans le bol de votre choix en tournant délicatement. Mmm, un vrai délice !

L'astuce de Mlle Graindesel

Pour aller plus vite, vous pouvez utiliser du Nutella® chauffé au bain-marie **(voir p. 12).**

Les ingrédients

- 200 g de chocolat noir pâtissier
- 200 g de chamallows
- 1 cuillère à soupe d'eau
- 10 cl de crème fraîche liquide
- Corn flakes
- Noix de coco en poudre
- Pralin en poudre
- Piques en bois

Super pique-nique

Demain, départ matinal pour une bonne promenade et un délicieux pique-nique sous les arbres. Vous allez aimer cette belle journée ensoleillée !

4 personnes
Facile
15 minutes
1 heure
2 ou 3 minutes par pancake

Les pancakes de maïs

Le pique-nique des cow-girls !

Le petit + de Mlle Graindesel

Le cumin donne un petit goût sympathique à vos pancakes. Si vous n'en avez pas, ajoutez 2 gouttes de Tabasco® ou du jus de citron.

Les ingrédients

Pour 12 pancakes environ

- 280 g de maïs en grains (poids égoutté pour une boîte de conserve)
- 200 g de farine
- 2 œufs
- ½ l de lait
- 1 cuillère à soupe d'huile
- 1 cuillère à café de levure chimique
- 1 cuillère à café de cumin en poudre
- 1 cuillère à café de sel

1. Mixez le maïs avec la moitié du lait pour obtenir une purée un peu épaisse.

2. Dans un saladier, mélangez la farine, la levure et le sel. Creusez un trou au milieu, cassez les œufs et faites-les tomber pile dans le trou ! Avec une cuillère en bois, mélangez d'une main musclée, et ajoutez peu à peu le reste de lait et l'huile. Attention aux grumeaux !

3. Ajoutez la purée de maïs, le cumin en poudre. Avec un fouet, tournez, tournez votre beau mélange. Ouf ! Laissez reposer à température ambiante pendant 1 heure.

4. Faites chauffer un tout petit peu d'huile ou de beurre dans une grande poêle. Versez des petites louches de pâte bien espacées. Dès que des petites bulles apparaissent sur le dessus, il est temps de retourner les pancakes avec une spatule.

5. Gardez vos pancakes au chaud dans du papier d'aluminium. Ils seront délicieux tièdes, recouverts d'une petite tranche de jambon ou tartinés de fromage frais !

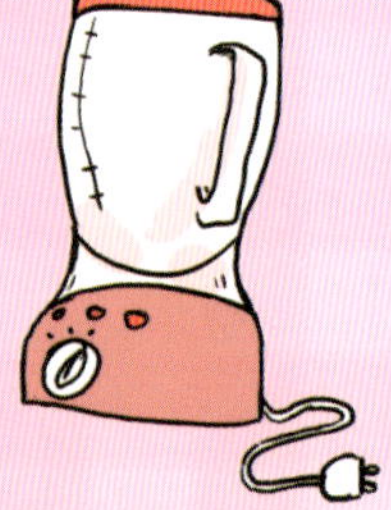

Les rillettes de poisson

4 à 6 personnes
Très facile
15 minutes

À étaler !

❶ Égouttez soigneusement les miettes de thon et déposez-les dans une assiette creuse. Hachez le saumon au hachoir électrique, sans faire de la purée ! Déposez-le dans une autre assiette.

❷ Écrasez le thon avec la moitié du fromage frais à la fourchette. Et pas de jaloux : vous faites la même chose avec le saumon et le reste de fromage.

❸ Répartissez le jus de citron dans les deux assiettes. Mélangez bien. Parfait ! Vous pouvez aussi ajouter de la ciboulette : cela relèvera le goût !

❹ Remplissez des petits pots hermétiques avec vos belles rillettes. Gardez-les bien au frais jusqu'au départ pour le pique-nique !

L'idée de Mlle Graindesel

Les rillettes de poisson, c'est toujours bon ! Présentez-les dans un joli bol pour l'apéritif ! Étalées sur des blinis, c'est délicieux !

Les ingrédients

- 200 g de miettes de thon au naturel (en boîte)
- 150 g de saumon fumé
- 200 g de fromage frais
- 2 cuillères à soupe de jus de citron
- 4 cuillères à soupe de ciboulette surgelée

Les wraps
au jambon

4 personnes
Très facile
10 minutes

À rouler et à déguster sans modération…

1 Lavez soigneusement le concombre et séchez-le avec du papier absorbant. Ôtez ses extrémités et coupez-le en rondelles très fines.

2 Étalez le fromage frais sur chaque tortilla. Découpez 4 brins de ciboulette en toutes petites brindilles au-dessus de chaque tortilla. Mmm, ça sent déjà la campagne !

3 Déposez les rondelles de concombre en ligne, par-dessus le fromage frais, en appuyant du bout des doigts. Placez une tranche de jambon sur chaque tortilla.

4 Enroulez chaque tortilla sur elle-même, hop là ! Coupez les *wraps* en deux et maintenez-les fermés avec un brin de ciboulette ou une pique en bois. N'attendez pas trop pour les déguster, sinon le concombre risque de ramollir les tortillas !

L'astuce de Mlle Graindesel

To wrap en anglais veut dire « emballer », « envelopper » ! Les *wraps* se roulent selon toutes vos envies. À vous de créer de nouvelles recettes !

Les ingrédients

- 4 tortillas de blé
- 4 tranches de jambon
- 4 carrés de fromage frais
- ½ concombre
- 12 brins de ciboulette

* 4 personnes
* Très facile
* 10 minutes
* 1 heure au réfrigérateur

Les rouleaux bretons

Kalon digor* !

L'astuce de Mlle Graindesel

Vous trouverez au rayon frais des supermarchés des galettes de blé noir sous vide ! Inutile de les faire !

Les ingrédients

* 4 galettes de blé noir (à la farine de sarrasin)
* 4 tranches de saumon fumé
* 4 carrés de fromage frais
* 1 cuillère à soupe de crème fraîche épaisse
* Le jus d' ½ citron
* 1 pincée de paprika
* Sel et poivre

1. Mélangez le fromage frais avec la crème fraîche, le sel, le poivre et le paprika. Étalez la préparation en couche épaisse sur chaque galette, sans appuyer trop fort (la galette est pleine de trous) !

2. Coupez le saumon en lamelles. Répartissez-les sur les galettes. Versez quelques gouttes de jus de citron pour donner du goût. Parfait !

3. Tournicoti ! Enroulez chaque galette sur elle-même. Tournicota ! Emballez vos quatre rouleaux dans du film alimentaire et réservez au frais pendant au moins 1 heure.

4. Allez, zou ! on part en pique-nique. Au moment du grand déballage, retirez le film alimentaire et coupez vos rouleaux en tranches épaisses.

* « Bon appétit » en breton.

La Bretagne, ça vous gagne !

On ne mangera pas ces rouleaux bretons sans jus de pomme ! Ne l'oubliez pas !

- 4 personnes
- Facile
- 15 minutes
- 2 heures en tout !

Le taboulé aux fruits

La valse des fruits !

L'astuce de Mlle Graindesel

Amandes effilées, raisins secs, cannelle en poudre ou filet de coulis de fruits rouges, vous pourrez apporter à votre taboulé sucré mille et une saveurs. Et surtout, changez de fruits selon vos envies. Tout est permis !

1 Versez la semoule dans un saladier et arrosez-la avec 20 cl de jus d'orange. N'hésitez pas à compléter avec de l'eau ! Il faut que la semoule soit complètement recouverte. Ajoutez 1 cuillère à soupe de sucre. Mélangez bien.

2 Recouvrez le saladier avec un film alimentaire et laissez reposer la semoule au réfrigérateur pendant au moins 1 heure pour qu'elle gonfle tranquillement. Sortez le plat et séparez bien les grains de semoule à l'aide d'une fourchette.

3 Ajoutez les kiwis et l'ananas coupés en tout petits dés. Saupoudrez de menthe, mélangez bien et c'est reparti pour un petit tour au frais, pendant 1 heure encore !

4 Juste avant de servir, ajoutez les framboises et les myrtilles, ajoutez 1 cuillère à soupe de sucre, mélangez avec délicatesse et servez bien frais !

Les ingrédients

* 150 g de semoule de blé moyenne
* Le jus d' 1 orange
* Le jus d' 1 citron
* 2 kiwis
* 2 tranches d'ananas
* 200 g de framboises
* 200 g de myrtilles
* 2 cuillères à soupe de sucre en poudre
* 3 cuillères à soupe de menthe hachée surgelée

Notes

Notes

Carnet d'adresses

Toutes les photographies de cet ouvrage ont été réalisées avec des accessoires provenant des boutiques suivantes :

La Grande Épicerie de Paris

38, rue de Sèvres, 75007 Paris

Culinarion

www.culinarion.com

Paul

www.paul.fr

Truffaut

www.truffaut.com

Monoprix

www.monoprix.fr

Picard (surgelés)

www.picard.fr

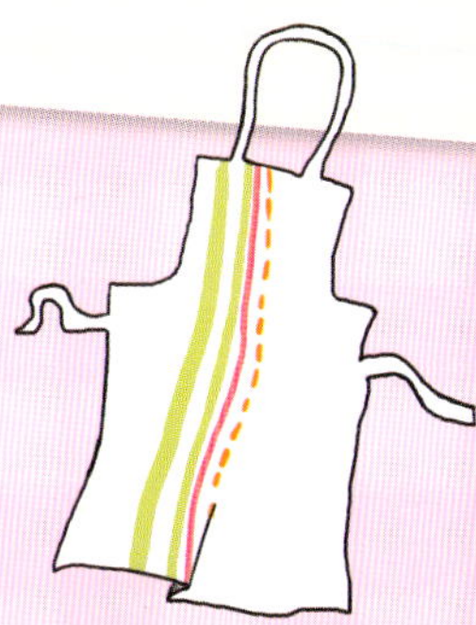

Photogravure : Point 4
N° d'édition : 10008
Dépôt légal : avril 2010
Achevé d'imprimer en février 2010 par Holinail (Chine)

levure
LEVURE CHIMIQUE
"ALSACIENNE"
Pasico
Sucre
Vanillé
Vanille